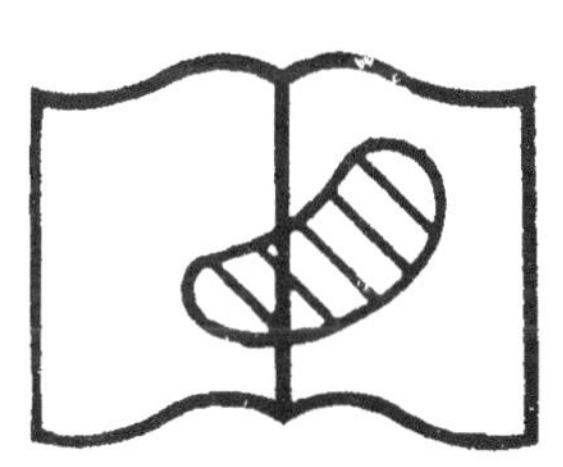

Illisibilité partielle

PAGES VIERGES

Absence de pagination
ou de foliotation

VALABLE POUR TOUT OU PARTIE
DU DOCUMENT REPRODUIT

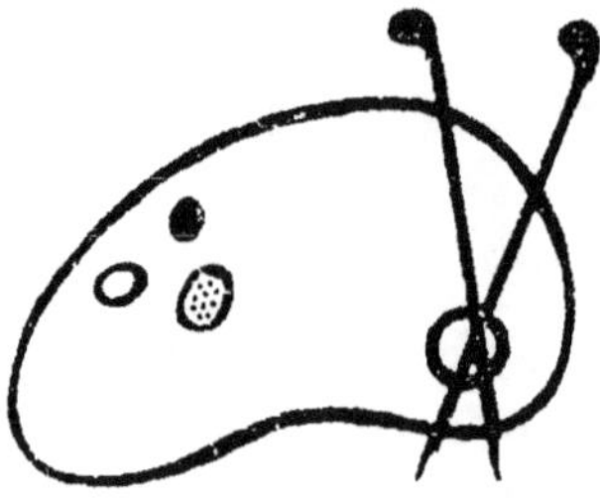

Cahier d......................... appartenant à ....

LES BEAUTÉS DE LA FRANCE — Château de Falaise

CHATEAU DE FALAISE

La vaste plaine de la Basse-Normandie semble gardée par les deux villes qui la limite : Caen d'un côté et de l'autre Falaise.

Falaise, chef-lieu d'arrondissement du département du Calvados, construite sur les rochers abrupts est baignée par l'Ante et forme la jonction entre les grandes routes de Paris et celle de la Loire.

Son industrie est assez prospère et s'étend surtout sur le tissage du coton ; mais c'est avant tout un pays d'élevage. La foire aux bestiaux qui se tient chaque année du 10 au 25 août en son faubourg de Guibray est très renommée.

Falaise a conservé une partie de son ancienne muraille ; à l'intérieur on rencontre l'église St-Gervais qui date de 1125 ; un peu plus loin, c'est l'église de la Trinité qui commencée au xiiᵉ siècle ne fut terminée qu'au xviᵉ. Mais le monument le plus renommé et le plus visité de Falaise, c'est l'ancien château qui se dresse sur l'escarpement des rochers, ayant à ses pieds la vallée de l'Ante ; il a comme toutes les constructions militaires du style roman un aspect lourd, massif qui subsiste jusque dans les ruines. A côté des douze tours plus ou moins bien conservées qui formaient l'enceinte, on remarque une autre, la tour Talbot, d'origine beaucoup plus récente. Le château fut longtemps habité par les ducs de Normandie, c'est là que naquit le célèbre Guillaume le Conquérant.

La légende s'en est emparée, et depuis la création de l'opéra « Robert le Diable » dont l'action se déroule dans ce château, chaque pièce, chaque fenêtre, chaque buisson a son histoire que les gens du pays racontent volontiers aux visiteurs.

Les environs de cette antique forteresse sont très intéressant à visiter. C'est d'abord la riante vallée de l'Ante, puis une jolie montagne dont le sommet principal, le Myrrha est aujourd'hui en exploitation pour une carrière de pierre. C'est de là que le bon Henri IV assaillit le château peuplé de Ligueurs et remporta la victoire qui rendit Falaise à la France.

Au Nom de l'A. I. E.
Le Président et Fondateur : Th. Gromier

À Monsieur l'Administrateur de la Bibliothèque Nationale.

Ce 12 janvier 1905.

Monsieur,

Puisque vous me faites l'honneur et le plaisir d'agréer l'offre des Archives de l'Association que j'ai créée en 1865, le 5 juillet, et dont je suis le président depuis 40 ans prochainement révolus, — voici la liste des ouvrages divers que j'ai écrits et publiés, de 1865 à 1905, et dois-je puis, à cette occasion, faire hommage à la Bibliothèque Nationale de mon pays, — avec le grand regret de n'être pas en état, aujourd'hui, de vous remettre 24 ouvrages manquant mais que j'aspire retrouver et vous offrir encore, tôt ou tard.

Je suis fort heureux, Monsieur, de votre agréable promesse de m'envoyer un reçu détaillé de ce premier important envoi, ainsi que le numéro d'inventaire qui sera inscrit pour chacune des pièces composant l'ensemble : j'en ai besoin pour le faire publier et en envoyer le texte à mes 45.000 adhérents.

Veuillez agréer, Monsieur l'Administrateur, l'assurance de ma considération la plus distinguée et de ma gratitude sincère.

Th. Gromier

8° Z. 16505 (20)

4° Z. 1587 ~~4°~~ (1)

fol Z. 933 ~~8°~~   dem gr. fol Z. 108 (14)

8° Z. 16505 (6)

4° Z *1587 (8)   der gr fol. Z. 108 (41)

fol Z. 933 (17) iterum ad. Fol. Z. 108 (13)

fol Z 933. ~~8°~~

Œuvres de M.-A. Grosmier déjà inventoriées à la
Bibliothèque Nationale :

—

Lb⁵⁸ 1.962   L'Union Libérale contre l'Empire , in-8°, Lyon , 1868.
Lc² 3.413   La Patrie en Deuil, in-4°, Paris , février 1871.
Lc² 3.414   La République sauvée, in-4°, Paris , mars 1871.
Lc² 3.418   Le Sabot, organe des conciliateurs , in-4°, Paris , mars 1871.
Lb⁵⁷ 2.043   Lettres d'un bon rouge , in-8°, Paris , 1874.
Lb⁵⁷ 3.983   La Solidarité , in-32°, Paris , 1873.
Lb⁵⁷ 10.693   Le Journal d'un Vaincu , in-8°, Paris , 1892.
Lb⁵⁷ 3.321   En Prison , in-8°, Paris , 1873.
8°V 5.794   Histoire de la Musique , in-8°, Paris , 1880.
Ob² 146   La Question Arménienne , in-8°, Paris , 1887.

Œuvres complémentaires données
et à inventorier :

I. A cartonner , pour les garantir :

1.   Association pour la vie politique.—Décentralisation. Programme , in 8° Paris , juillet 1868.
2.   L'Évangile des Ouvriers , in-4°, Paris , 1872.
3.   Recours d'un expulsé de Genève , in-4°, Florence , 1878.
4.   Un dernier mot aux Latins , in-8°, Florence , 1883.
5.   Ai Fiorentini ed ai Proletari , g⁴ in-8°, Firenze , 1886.
6.   Le Parti Commercial , in-4°, Paris , 1889.
7.   Les Traités de Commerce pour 1892 , in-4°, Paris , 1890.

Double

Double

Gr. fol. Z. 108 (5) (3)

Gr. fol. Z. 108 (2) (1)

fol. Z 933 (X)

Gr fol. Z. 108 (1)

8° Z. g² 16505 (18)

8° Z 16505 (17)

8° Z 16505 (47)

8° Z. 16505 (10)

8° Z 16505 (9)

8° Z 16505 (19)

8° Z 16505 (14)

8° Z 16505 (13)

8° Z 16505 (4-5)

f° Z 933 (X)   Double

8. Union Méditerranéenne et Cie d'Outremer, in-4°, Paris, 1891.
9. Garibaldi et la Campagne de France, in-4°, Paris, 1891.
10. L'Enquête électorale anti-paupériste, in-folio, Paris, 1892
11. La France vue du dehors, in-folio, Malte, 1894-1895.
12. Chefs de Peuples et Diplomates, in-folio, Paris, 1900.
13. Le Congrès de la Paix en l'an 1900, in-folio, Paris, 1900.
14. La Paix Sociale, voies et moyens, gd in-8°, Paris, 1904.
15. Observations d'un ami de la Paix, in-8°, Paris, 1905.
16. L'A.T.E. de la Paix Sociale et les Statuts Internationaux, in-8°, Paris, 1903-1904-1905.

II. Cartonnages :

1. Comédies Égyptiennes, mystères dévoilés, in-32°, Londres, 1869.
2. Centenaire anti-napoléonien, in-32°, Londres, 1889.
3. Paris-Municipal, in-8°, Paris, 1872.
4. Lettres à la Commune de Paris, édition annotée par L. Jan-Albin, — in-8°, Paris, 1873.
5. Le Journal d'un vaincu, édition princeps, augmentée d'une
— lettre manuscrite de l'éditeur Victor-Havard et de quatorze lettres
— manuscrites de Pierre de Lano à l'auteur véritable, Paris, 1892
— Le manuscrit du Journal d'un vaincu avait été terminé en 1871
— et remis, en 1873, à Benoît-Malon ; puis, à Robert-Bernier, en
— 1874.
6. Prophéties. — Credo. — Deux petits in-64°, Genève, 1878.
7. Lettre aux genevois, après mon expulsion, in-folio, Florence, 1878.

8° Z. 16505 (8)
8° Z. 16505 (7)
8° Z. 16505 (16)

Double.
8° Z. g 16505 (12) et (12 bis)

8° Z. 16505 (15)
Double.

8° Z. 16505 (10)   Db de (12 bis)
8° Z. 16505 (11)
f° Z. g 33 (10) (7)
Double -
f° Z. g 33 (11 - 7)   dev^m

8° Z. 16505 (1-3)
Double
. Double
Gr fol. Z. 108 (D 2)

f° Z. g 33 (2)   dev^m   gr f° Z. 108 (42).

24	8.	Mon petit Musée, in-8°, Florence, 1880
25	9.	Catologue de mes livres rares, in-8°, Florence, 1880.
26	10.	In Memoriam Mauro Macchi, in-18°, Milano, 1881.
27	11.	I latinofili francesi, in-4°, Firenze, 1882.
28	12.	Histoire de la musique, in-8°, 2° édition, avec une
—		— lettre-préface de Roselli-Mollet, Paris, 1882.
29	13.	Mauro Macchi, biographia, in-8°, Florence, 1882.
30	14.	La Lega Latina (lettera aperta all'egregio commilitone
—		Filippo Lujis, in Marsiglia), in-8°, Firenze, 1882.
31	15.	Keppler, Helmotz et Roselli-Mollet, in-8°, Florence
32	16.	In Campo Varano (Mauro-Macchi), in-8°, Roma, 1883.
33	17.	La Vraie Revanche, in-folio, Florence, 1884.
34	18.	Il Zollverein Mediterraneo, in-folio, Firenze, 1885.
35	19.	Union Méditerranéenne, neuf documents, in-4°,
—		— Paris, 1887-1889.
36	20.	A.T.E. Circulaire pour 1890, in-32, Paris, 1890.
37	21.	Portugal-Angleterre et France, in-32, 1ère éd., Paris, 1890.
38	22.	Portugal-Angleterre et France, in-32, 2° éd., Paris, 1890.
39	23.	Correspondance Méditerranéenne et Correspondance
—		Grenier, ainsi que Bulletins de l'A.T.E., environ
—		cinquante exemplaires survivants (péniblement réunis et qu'
—		il faudrait réunir et cartonner avec l'exemplaire cartonné
—		de 1887
40	24 et	Bulletin du Zollverein Européen, in-4°, Paris, 1899,
41	25.	et 28 feuillets à lui joindre (d'une manière ou d'une autre).

N.-B. : deux exemplaires à peu près identiques.

détruit

Double.
1° Z. 933 (1)·(2)
8° Z. 16505 (25-32)
"
"

8° Z. 16505 (21-25)
8° Z. 16505 (33-35)

8° Z. 1605 (36-38).
4° Z. 1582 (A²) (2-6
f° Z. 933 (1) (3)

"
"
'
"
f° Z. 933 (5)   Db
f° Z. 933 (6.)   Db

"
f° Z. 933 (7)   Db
8° Z. 16505 (39-42)   Db
"   Db
8° Z. 16505 (43-46)   Db

26. Ora a tempre! Garibaldi et Victor Hugo! In-folio, Firenze, 1885

III. Demi-reliures:

1. La Fédération des peuples gréco-latins, in-folio, Florence
2. Un autre exemplaire, à peu près semblable, 1882. 1882.
3. Six documents pour l'Union Méditerranéenne, grand in-8°,
— Florence (et Paris), 1882-1889. N.-B. Importants autographes
— de Mauro-Macchi et de Garibaldi.
4. Cinq documents pour l'A.I.E., grand in-8°, Florence et Paris, 1885-1892
5. Exemple à suivre. — L'Anticlérical. — Circulaire pour 1892.
— Trois documents pour l'A.I.E., gᵈ in-8°, Florence, Perpignan et Paris, 1886-1892
6. L'Union Méditerranéenne, gᵈ in-8°, Paris, 1888-1892.
7. Cinq documents pour l'U.M., gd. in-8°, Paris, 1889-1892.
8. Questions de demain: Canal des Deux-Mers. — Le Goubet. —
— Sardou et le Copyright. — Panama-Canal et Rail-Road. —
— Zollverein Européen. — La Paix par l'Arbitrage sanctionné
— par une force internationale. — Etc. — Grand in-folio illustré,
— Paris, de 1889 à 1895.
9. Un autre exemplaire, semblable, 1889-1895.
10. Questions de demain et Zollverein Européen, grand
— in-folio illustré, Paris, 1889-1900.
11. Un autre exemplaire, semblable, 1889-1900.
12. Zollverein Européen et Revue Moderne, gᵈ in-8°, Paris,
— 1865-1900. N.-B. Ensemble de l'œuvre de l'A.I.E.
13. Un exemplaire à peu près semblable, 1865-1900.

H. Gromier

Je prie Monsieur l'Administrateur d'accepter aussi,
pour la Bibliothèque Nationale, les livres suivants :
Félix Pyat : Les discours sur les Inassermentés, in-18,
    A. Parès, Paris. 1869. Un petit Volume.
Félix Pyat : Lettres et loisirs d'un proscrit, in-18
    Victor Magen, Paris, 1851. Deux
    petits volumes.
Remerciements anticipés et saluts cordiaux.
    Aug. Gromier

165

23   Assm intern. etc.   CG
24   Le 18 Juin 1815 (Jean Macé) fausse fiche
25-38   Assm intern. etc.   CG
39 S. A. I. E. Il s'agit de la paix.
           le chemin de la paix   CG
40   Courrier diplomatique   CG
41   Ai Fiorentini   .   CG
42   Bull.ᵗ du Souverain   CG
43   Con.ˡ méd.ᵉ   CG
(44)   Ora e sempre !
 A.C.ᵗ alla memoria di Garibaldi Paris
         e di Victor Hugo.   fiche

gr f° Z 108 (1-44)

1. La France vue du dehors   CG
2. La jeune garde du? L. Marceney   —
3. L'Enquête électorale   CG
4-6. Correspondance Gonnier   CG
7. A l'occasion de la fête nat^le   CG : Est
   Cheik A... Naddara   4/2 Liège 38
   = SANUA (James)
8. Alliance arméno-gréco-latine   CG
9. Union méditerranéenne   CG
10. Moniteur des petits capitaux   —
    Dir^n Jules Laton
11. Union med^ne Diner familial   CG
12. Après Janvier 1889 ...   CG:...
13. Le parti commercial   CG
14. Recours...   CG
15. Rapport   CG
16. Union Med^ve (commercial) à Louize   CG
17. " "   CG
18. Ass^n mixteur...   CG
19. Union Med^le ... Correspondance   CG
20. Union douanière med^ne   CG
21. note...   CG
22. Aux vrais amis de la paix   faire...